BEI GRIN MACHT SICH IHR WISSEN BEZAHLT

- Wir veröffentlichen Ihre Hausarbeit,
  Bachelor- und Masterarbeit

- Ihr eigenes eBook und Buch -
  weltweit in allen wichtigen Shops

- Verdienen Sie an jedem Verkauf

Jetzt bei www.GRIN.com hochladen
und kostenlos publizieren

GRIN ☺

Die Formen der Sinneswahrnehmung und ihre Bedeutung im Einsatz von Marketing-Maßnahmen

Anja Warta

Bibliografische Information der Deutschen Nationalbibliothek:

Die Deutsche Nationalbibliothek verzeichnet diese Publikation in der
Deutschen Nationalbibliografie; detaillierte bibliografische Daten sind
im Internet über http://dnb.d-nb.de abrufbar.

ISBN: 9783346782243
Dieses Buch ist auch als E-Book erhältlich.

© GRIN Publishing GmbH
Nymphenburger Straße 86
80636 München

Druck und Bindung: Books on Demand GmbH, Norderstedt Germany
Gedruckt auf säurefreiem Papier aus verantwortungsvollen Quellen

Das vorliegende Werk wurde sorgfältig erarbeitet. Dennoch
übernehmen Autoren und Verlag für die Richtigkeit von Angaben,
Hinweisen, Links und Ratschlägen sowie eventuelle Druckfehler keine
Haftung.

Das Buch bei GRIN: https://www.grin.com/document/1306740

Hausarbeit

Allgemeine Psychologie I

Alternative A - Die Formen der Sinneswahrnehmung und dessen Bedeutung im Einsatz von Marketing-Maßnahmen

Abgegeben am 31.12.2020 per Online-Einsendung

SRH Fernhochschule - The Mobile University

Modul: Allgemeine Psychologie I

Studiengang: B.Sc. Psychologie

Von

Anja Warta

Studiengang: B.Sc. Psychologie

Inhaltsverzeichnis

Abkürzungsverzeichnis

Abb.	Abbildung
Aufl.	Auflage
ESB	Extrinsic Sensory Branding
Hz	Hertz
ISB	Intrinsic Sensory Branding
Jhdt.	Jahrhundert
S.	Seite
SIA	Singapore Airlines
Vgl.	Vergleiche
z.B.	zum Beispiel

Abbildungsverzeichnis

1. Einleitung

Ich schlendere durch ein, für mich bisher unbekanntes, Bekleidungsgeschäft und bin erstmal ein wenig verwundert, dass es in den Räumlichkeiten verhältnismäßig relativ dunkel ist. "Naja, immerhin sind die Produkte gut beleuchtet und erkennbar", denke ich mir. Hawaiianische Musik steigt mir in die Ohren und auf einmal fühle ich mich auf eine ferne Insel versetzt. Der angenehme Duft, der mir dabei in die Nase steigt, unterstreicht dieses Szenario nur regelrecht. Irgendetwas scheint diese Situation mit mir anzustellen, denn meine Laune ist aus unerfindlichen Gründen drastisch gestiegen, seitdem ich in den Laden betreten habe. Ehe, dass ich mich versehen kann, bin ich aus dem Geschäft auch wieder draußen- im Gegensatz zu vorhin aber mit einer vollen Tüte in der Hand. Wenn ich jetzt so darüber nachdenke, weiß ich eigentlich gar nicht so recht, was mich gerade zu meinem Großeinkauf bewegt hat... aber es wird schon einen Grund geben, oder nicht?

Dieses Szenario basiert auf einer persönlichen Erfahrung in dem Bekleidungsgeschäft *Hollister* und soll den Inhalt dieser Arbeit als Einstieg unterstreichen.

Die vorliegende Arbeit beschäftigt sich im Allgemeinen mit den verschiedenen Formen der Sinneswahrnehmung, welche in Kapitel 2 erläutert werden. Dabei wird zuallererst ein grober Überblick über den Wahrnehmungsprozess gegeben und danach im Speziellen auf die einzelnen Sinne eingegangen.

Kapitel 3 beschreibt danach, inwiefern sich unsere Sinneswahrnehmung im Marketing auswirkt. Im folgenden Kapitel 4 wird der Begriff *Multisensorisches Marketing* erklärt, sowie dessen Bedeutung in der aktiven Verwendung erörtert.

Schlussendlich werden in Kapitel 5 Beispiele für multisensorische Markenkonzepte gebracht, um sich eine Vorstellung von dessen Bedeutung machen zu können. Darüber hinaus wird Online-Marketing im Vergleich zum Einkauf in herkömmlichen Läden beleuchtet und festgestellt, in welcher Hinsicht etwa Ähnlichkeiten bestehen.

Ziel der Arbeit ist es, den Ablauf der Sinneswahrnehmung verstehen zu lernen und herauszufinden, welche Wirkung der Einsatz von multisensorischem Marketing bei uns Menschen erzielen kann.

2. Die Formen der Sinneswahrnehmung

Die menschliche Wahrnehmung dient einerseits zum Überleben, andererseits um Sinnesfreuden, also das Genießen bestimmter Dinge, zu ermöglichen. Wahrnehmung kann als Prozess bezeichnet werden, welcher in seiner Fülle sehr komplex ist, wobei dies für uns ziemlich unbewusst geschieht. Um ein grundlegendes Verständnis dafür zu erlangen, wie solch ein Prozess vonstattengeht, folgt nun eine vereinfachte Erklärung des Wahrnehmungsprozesses.

Über unsere Sinnesorgane wird ein Reiz wahrgenommen. Das Wahrgenommene wird dabei auch als *Perzept* bezeichnet.[1] Damit eine Wahrnehmung durch den Menschen geschehen kann, sind sogenannte Sensoren, oder auch Rezeptoren genannt, notwendig. Diese befinden sich so gut wie überall am Körper. Die dabei aufgenommenen Informationen werden über Neuronen weitergeleitet und im Gehirn verarbeitet.[2] Das Minimum einer physikalischen Energie, das benötigt wird, um einen Reiz überhaupt wahrzunehmen, bezeichnet man als **Absolutschwelle**.[3]

Im Gehirn werden Informationen, welche über die Sinne erfasst wurden, danach mit bestehendem Wissen kombiniert. Diese Stufe wird auch Perzeptuelle Organisation genannt. Sie ermöglicht es uns, Schätzungen über ein physikalisches Objekt (distaler Reiz) zu machen. Die Stufe der Identifikation und Wiedererkennung gibt dem Perzept danach eine Bedeutung.[4]

Beim Prozess der Wahrnehmung kann außerdem zwischen einer **Bottom-up-Verarbeitung** und einer **Top-down-Verarbeitung** differenziert werden. Die Bottom-up-Verarbeitung (Aufwärtsverarbeitung) ist zuständig, um Objekte zu identifizieren. Die Top-down-Verarbeitung wiederum erlaubt es uns, diese wahrgenommenen Eindrücke zu bewerten.[5]

---

[1] Vgl. Gerrig (2015), S. 112
[2] Vgl. Jansen (2015), S. 39
[3] Vgl. Gerrig (2015), S. 115
[4] Vgl. Gerrig (2015), S. 112-114
[5] Vgl. Jansen (2015), S. 41

Bei den Sinnen unterscheidet man zwischen **Nahsinnen** und **Fernsinnen**. Zu den Fernsinnen zählen etwa das Sehen, Hören und das Riechen. Diese dienen unter anderem dazu, etwas aus der Ferne wahrzunehmen.

Die Nahsinne bestehen aus: dem passiven Berührungsfühlen, dem aktiven Tastsinn, dem Schmecken, dem Körpergefühl (Somatosensorik), der Körperbewegungswahrnehmung (Kinästhetik), dem Gleichgewichtssinn (vestibuläre Modalität), sowie der Schmerzwahrnehmung (Nozizeption).[6]

Während das Tasten, Hören, Schmecken und Riechen schon im Mutterleib seine Funktionen aufnehmen, so entwickelt sich das Sehen erst nach der Geburt Schritt für Schritt in den ersten Lebensmonaten. [7]

Zur Wahrnehmungsforschung existieret eine Vielzahl an unterschiedlichen Theorien und Erklärungen. Die bedeutendsten sind:

- Die *Klassische Psychophysik* (19 Jhdt.)
- Die *Gestaltpsychologie* (Höhepunkt vor dem Ersten Weltkrieg, bis Ende des Zweiten Weltkrieges)
- Der *Wahrnehmungsökologische Ansatz* von James J. Gibson (nach dem zweiten Weltkrieg)
- Der *Computationale Ansatz* von David Marr (entstand 1980, der Ansatz ist auch heute noch sehr präsent) [8]

Diese Ansätze werden jedoch nicht genauer erläutert und ausformuliert, da sich die Arbeit im speziellen mit der Sinneswahrnehmung auseinandersetzt.

In den ersten Unterkapiteln wird nun folgend auf die einzelnen Formen der Sinneswahrnehmung eingegangen.

---

[6] Vgl. Ansorge/Leder (2017), S. 34
[7] Vgl. Pauen (2018), S. 101-102
[8] Vgl. Müsseler/ Rieger (2017), S. 35

2.1 Die visuelle Wahrnehmung (das Sehen)

Da es im Mutterleib dunkel ist und der Fötus die Augen meist geschlossen hat, so ist der Sehsinn bei der Geburt noch nicht gut ausgeprägt. Anfangs werden in erster Linie zunächst starke Kontraste wahrgenommen.

Das bewusste Bewegen der Augen, sowie die Augenkoordination muss also erst in den ersten Lebensmonaten erlernt werden. [9]

Das Auge ist auch bekannt als das wichtigste Sinnesorgan des menschlichen Körpers und wirkt als eine Art Fotoapparat. Der Linsenkörper, auch *dioptrischer Apparat* genannt, besteht aus der Cornea (Hornhaut), der Pupille und der Linse. Fällt Licht auf die Linse ein, wird dieses gebündelt und ein möglichst scharfes Bild auf der Retina (Netzhaut) erzeugt. Damit ein scharfes Bild überhaupt erst generiert werden kann, geschieht eine Formveränderung der Linse, was auch Akkommodation genannt wird.

Nicht bei allen Menschen funktioniert die Scharfeinstellung eines Bildes gleich gut. Bei Personen, welche kurzsichtig sind, kann die Linse nicht ausreichend flach werden, um Gegenstände auch aus der Ferne scharf zu sehen (**Myopie**).

Bei jenen Menschen, die weitsichtig sind, ist die Linsenkrümmung nicht stark genug, um nah gelegene Gegenstände als scharf zu erkennen (**Hyperopie**).

Die Altersweitsichtigkeit wird auch als Presbyopie bezeichnet. All diese erläuterten Sehschwächen können heutzutage jedoch durch Brillen, Kontaktlinsen, Laserbehandlungen oder Ähnlichem gut ausgeglichen werden.

Für das Hell- und Dunkelsehen sind die Stäbchen, für das Farbsehen die Zapfen verantwortlich, diese teilen sich unterschiedlich auf der Retina auf. [10] Dort werden Reize, die aus der Umwelt aufgenommen wurden, zu elektrischen Signalen umgewandelt, welche wiederum über ein äußerst komplexes System an Neuronen verarbeitet und schließlich zum Gehirn weitergeleitet werden. Das menschliche Auge weist um die 120 Millionen Stäbchen, und etwa 6 Millionen Zapfen auf.

---

[9] Vgl. Pauen (2018), S. 103-104
[10] Vgl. Becker-Carus/Wendt (2017), S. 84-85

Als sogenannter **blinder Fleck** wird jene Stelle bezeichnet, bei der die Ganglienzellen gebündelt das Auge verlassen. (Sehnerv) Obwohl sich an dieser Stelle keine Fotorezeptoren befinden, und somit eigentlich eine "Lücke" entsteht, bemerken wir Menschen dies eigentlich im normalen Alltag nicht.

Durch eine gute Organisation im Gehirn wird dies unbewusst durch weitere Informationen des Umfelds kompensiert. Mit diversen Versuchen lässt sich der blinde Fleck jedoch nachweisen. Hier ein Beispiel dazu:

Nehmen Sie zirka einen Abstand von 20cm zu der Abbildung, schließen Sie das rechte Auge und fixieren Sie das +. Bewegen Sie die Abbildung langsam vor und zurück. Wenn bei Variante a) der Kreis verschwindet, liegt genau da der blinde Fleck. Bei Variante b) wird die Linie als durchgängig erkannt.[11]

Abb. 1: Versuch zur Demonstration des blinden Fleckes (Quelle: Becker-Carus/ Wendt (2017), S. 86)

Der Bereich der Netzhaut, auf den ein Bild projiziert wird, ist ausschließlich mit Zapfen ausgestattet, welche in sehr enger Dichte angeordnet sind. Dieser Bereich wird auch **Fovea Centralis**, oder "Bereich des schärfsten Sehens", genannt.[12]

Die Komplementäre zum Sehen stellt das Hören dar.

---

[11] Vgl. Becker-Carus/Wendt (2017), S. 85-86
[12] Vgl. Jansen (2015), S. 59

Obwohl Objekte grundsätzlich mit dem visuellen System besser identifiziert werden können, so kommt es im Alltag immer wieder zu Situationen, in denen das auditive System als Erstes für uns ausschlaggebende Dinge erkennt.[13]

2.2 Die auditive Wahrnehmung (das Hören)

Wie bereits in der generellen Übersicht der Sinnesorgane erwähnt, entwickelt sich das Hören (anders als das Sehen) schon im Mutterleib, genauer gesagt ab dem fünften Schwangerschaftsmonat. Etwa ist das Neugeborene in der Lage, die Stimme der eigenen Mutter von anderen weiblichen Personen zu unterscheiden oder die Muttersprache von anderen Sprachen zu differenzieren. Bis zum Ende des ersten Lebensjahres sind Babys befähigt, Laute von verschiedensten Sprachen zu unterscheiden, danach nur noch jene, welche oft verwendet werden.[14]

Das Ohr zählt zu den Fernsinnen und besitzt eine Art "Signalfunktion". Damit meint man, dass die auditive Wahrnehmung vor Dingen warnen kann, die beispielsweise außerhalb unseres Sichtfeldes liegen. Für uns Menschen ist es außerdem von großer Bedeutung, um sich zwischenmenschlich sprachlich mitzuteilen, sowie Emotionen zum Ausdruck zu bringen. Selbst im Schlaf ist das auditive System nie vollkommen ausgeschaltet.[15]

Auch im Tierreich dient das Hören als äußerst wichtige Informationsquelle, um verschiedenste Dinge aus der Umwelt wahrzunehmen. Das auditive System kann sowohl als warnender Faktor, zum Beispiel vor Feinden, als auch als hilfreicher Faktor, zum Beispiel bei der Jagd auf Beute, dienen.[16]

2.2.1 Der Vorgang des Hörens

Wenn Objekte bewegt werden, werden Schwingungen erzeugt. Diese Schwingungen werden auch **Schall** genannt.

Man kann den Klang der Schwingungen nach Amplituden und Frequenz unterscheiden. Die Amplitude wird durch den Abstand vom Wellental zum Wellengipfel bestimmt und

---

[13] Vgl. Gerrig (2015), S.129
[14] Vgl. Pauen (2018), S. 103
[15] Vgl. Jansen (2015), S. 91
[16] Vgl. Becker-Carus/ Wendt (2017), S. 158-159

beschreibt die physikalische Stärke der Welle, wohingegen die Frequenz die Anzahl an Perioden bezeichnet, welche die Schallwelle innerhalb eines bestimmten Zeitraumes durchläuft. Angegeben wird die Schallfrequenz in Hertz (Hz), wobei der Mensch zirka Frequenzen zwischen 20 und 20.000 Hz wahrnehmen kann- das sind 20 bis 20.000 Schwingungen in der Sekunde. [17]

Lautstärke

Die Lautstärke wird durch die Amplitudenwelle der Schalldruckwelle festgelegt. Generell lässt sich sagen, dass mit zunehmenden Amplitudenausschlägen sich auch die Lautstärke erhöht.

Die **Hörschwelle** beschreibt den minimalen Schalldruckpegel, der vorausgesetzt ist, um einen Ton wahrzunehmen. Je nach Frequenz variiert die Hörschwelle.

Tonhöhe

Wahrgenommene Veränderungen in der Tonhöhe werden in erster Linie durch Änderungen der Frequenz verursacht. Wir Menschen nehmen beispielsweise niedrigere Frequenzen als tiefe Töne wahr, höhere Frequenzen hingegen werden als hohe Töne eingestuft.

Klangfarbe

Komplett reine Töne, wie der Sinuston, kommen im Alltag sehr selten vor. Diese bestehen aus nur einer einzigen Frequenz. Der Klang von Instrumenten besteht zum Beispiel aus vielen verschiedenen Frequenzen.[18]

Für das Hören sind vier essenzielle Transformationen notwendig, diese werden im Folgenden kurz erläutert.

Erste Transformation:

Schallwellen werden in den Gehörgang kanalisiert und gelangen zum Trommelfell (einer Membran). Die Schallwellen werden weitergetragen bis zum Mittelohr, dort befinden

---

[17] Vgl. Ansorge/ Leder (2017), S. 135
[18] Vgl. Becker-Carus/ Wendt (2017), S. 160

sich die drei kleinsten Knöchelchen im menschlichen Körper: **Hammer, Amboss,** sowie **Steigbügel.**

Diese Knöchelchen übertragen die mechanischen Schwingungen weiter zur Hörschnecke (Cochlea). Die **Cochlea** ist das primäre Organ des Hörens.

Zweite Transformation:

In der Hörschnecke werden die mechanischen Bewegungen in ein flüssiges Medium übertragen.

Dritte Transformation:

Durch die wellenförmige Bewegung der Basilarmembran (Membran der Cochlea) werden kleine Haarzellen gebogen, dadurch wiederum werden Nervenenden stimuliert. Mechanische Energie wird in neuronale Energie umgewandelt.

Vierte Transformation:

Nervenimpulse verlassen die Hörschnecke über den Hörnerv (gebündelte Fasern) und werden an das Gehirn geleitet. [19]

2.2.2 Störungen des Hörsinns und mögliche Kompensationen

Oftmals ist das zunehmende Alter ein ausschlaggebender Grund, weshalb die Hörfähigkeit nachlässt, jedoch sind auch einige Erkrankungen bekannt, welche nicht durch das Alter bedingt sind.

Die wahrscheinlich häufigste Form einer Hörbeeinträchtigung stellt der *sensorineurale Hörverlust* dar. Der sensorineurale Hörverlust kann einerseits durch das Alter, andererseits durch Lärmexposition (Geräuschbelastung) begünstigt werden. Diese Form der Beeinträchtigung kann durch ein **Hörgerät** teilweise ausgeglichen werden. Eine weitere Möglichkeit wäre ein **Cochleaimplantat,** womit viele Betroffene bereits gute Hörerfolge erzielen konnten.

Der *Tinnitus* beschreibt das Hören von Pfeif-, Pieptönen oder Rauschen, ohne das eine physikalische Grundlage vorliegt.

---

[19] Vgl. Gerrig (2015), S. 131-132

Für Betroffene bedeutet dies oftmals auch eine gewisse Einschränkung der Lebensqualität. Bis zu 10% der Bevölkerung ist davon betroffen.

Ein Tinnitus ist im Regelfall auf physiologische Grundlagen, wie zum Beispiel ein Zucken der Mittelohrmuskeln, zurückzuführen. Hier besteht die Möglichkeit einer Tinnitustherapie, wobei diese noch nicht für alle unterschiedlichen Krankheitsbilder vollständig ausgeforscht ist. [20]

1.3 Die olfaktorische Wahrnehmung (das Riechen)

Zunächst geben Substanzen olfaktorische Moleküle an die Umgebungsluft ab. Wenn Rezeptorproteine der Riechschleimhaut mit diesen Molekülen interagieren, so wird unser Geruchssinn aktiv. Diese Informationen werden anschließend zum Riechkolben (Bulbus olfactorius) weitergeleitet. Durch die Geruchsreize wird der Prozess des Riechens in Gang gesetzt.

Durch Krankheitsbilder wie zum Beispiel Hirnverletzungen, kann es sein, dass der Geruchssinn in seiner Funktion eingeschränkt wird. Eine *Hyposmie* beschreibt einen eingeschränkten Geruchssinn, *Anosmie* bedeutet ein vollständiger Verlust des Geruchssinns. Dadurch, dass in den Rezeptoren und im Bulbus olfactorius laufend Zellerneuerungen stattfinden, ist es durchaus möglich, dass der Geruchssinn nach einiger Zeit zurückkehrt.

Ähnlich wie die visuelle und auditive Wahrnehmung hat auch die olfaktorische Wahrnehmung im Tierreich eine große Bedeutung. Neben der Funktion als Warnsignal und zur Nahrungssuche sind beim Riechen auch noch andere Faktoren von großer Bedeutung. Einige Spezies scheiden **Pheromone** (körpereigene, chemische Duftstoffe) aus, oder nehmen diese wahr. Diese signalisieren beispielsweise Revieransprüche oder sexuelle Bereitschaft innerhalb einer Spezies. Die olfaktorische Wahrnehmung wird hier demnach auch zur Kommunikation eingesetzt.[21]

---

[20] Vgl. Müsseler/ Rieger (2017), S. 66-68
[21] Vgl. Gerrig (2015), S. 135-136

1.4 Die gustatorische Wahrnehmung (das Schmecken)

Im Allgemeinen unterscheidet man zwischen fünf verschiedenen grundlegenden Geschmacksrichtungen: **süß, salzig, bitter, sauer** und **umami.**

Neben den Grundgeschmacksqualitäten existieren auch diverse Nebenqualitäten, wie etwa "metallisch" oder "alkalisch". [22]

Für das Aufnehmen eines Geschmacks sind die Geschmacksrezeptoren zuständig, welche sich auf der Zunge, sowie zum Teil auch in der Mundhöhle befinden.

Alle Geschmacksrichtungen sind mit einer gewissen Struktur chemischer Moleküle verbunden, durch welche diese ausgelöst werden.

Die Mehrzahl der Reize lösen Mischempfindungen aus und lassen sich nicht eindeutig zu einer Geschmacksrichtung zuordnen. Nach neuesten Forschungen und Studien zufolge, kann jede Geschmacksrichtung an jeder Stelle der Zunge erkannt werden, wobei die Sensitivität je nach Bereich variieren kann. [23]

Über die Zunge sind Ausstülpungen verteilt, welche auch Papillen genannt werden. Bei den Zungenpapillen wird zwischen **Pilzpapillen, Blätterpapillen, Wallpapillen** und **Fadenpapillen** unterschieden. In den Wänden der Papillen befinden sich die Geschmacksknospen, welche wiederum die Geschmacksrezeptoren enthalten.[24] Der Mensch besitzt um die 10.000 Geschmacksknospen, wobei sich diese zirka alle 10 Tage erneuern, da sie sehr empfindlich sind. Ein kompletter Geschmacksverlust ist demnach sehr unwahrscheinlich. Darüber hinaus enthalten die Geschmacksknospen die eigentlichen **Geschmackssinneszellen**. [25]

Die Aufnahme des Geschmacks an sich erfolgt folgendermaßen: Wasserlösliche Stoffe auf der Zungenoberfläche gelangen durch den Porus zu den Zellfortsätzen (Mikrovilli), dadurch entstehen chemische Prozesse.

Über drei wichtige Bahnen werden die gustatorischen Signale schlussendlich zum primären gustatorischen Cortex transportiert. [26]

---

[22] Vgl. Jansen (2015), S. 113
[23] Vgl. Becker-Carus/ Wendt (2017), S. 179-180
[24] Vgl. Schmithüsen (2015), S. 200
[25] Vgl. Becker-Carus/ Wendt (2017) S. 179-180
[26] Vgl. Jansen (2015), S. 114

1.5 Die somatosensorische Wahrnehmung (das Fühlen)

Die Haut ist ein äußerst facettenreiches Organ, wobei hier die Rezeptoren über den ganzen Körper verteilt sind und eine Gesamtwahrnehmung der einzelnen Rezeptoren entsteht.

Im Allgemeinen wird zwischen der **Exterozeption** (Oberflächensensibilität), der **Propriozeption** (Tiefensensibilität) und der **Enterozeption** (somatosensorische/ viscerale Sensibilität) unterschieden.

Exterozeptive Wahrnehmungen sind jene, die uns Informationen über **externe** Geschehnisse im Zusammenhang mit der Hautoberfläche liefern. Dazu gehören die Tast- , Temperatur-, und Schmerzwahrnehmung (=Hautsinne).

Propriozeptive Wahrnehmungen berichten uns sowohl über die Lage als auch die Haltung unseres Körpers. Hier zählen der Haltungs-, Gleichgewichts- und Kraftsinn dazu.

Enterozeptive Wahrnehmungen wiederum geben Informationen über **interne** Zustände des Körpers, wie zum Beispiel den Blutdruck oder die Körpertemperatur. [27]

Insgesamt lässt sich also feststellen, dass die Somatosensorik alle Sinnesempfindungen umfasst, welche in Haut, Muskeln oder Gelenken entstehen. Zudem existieren verschiedene Rezeptortypen, welche auf die jeweiligen Reize reagieren:

- Mechanorezeptoren: reagieren auf mechanische Reize wie Druck und Berührung
- Thermorezeptoren: reagieren auf Temperaturveränderungen
- Nozizeptoren: reagieren auf noxische (bedrohliche) Reize
- Chemische Rezeptoren: reagieren auf chemische Reize [28]

Die verschiedenen Sinneswahrnehmungen der Somatosensorik werden im Speziellen nicht ausformuliert, da dies den Rahmen der Arbeit überschreiten würde und diese außerdem in den folgenden Kapiteln nicht wirklich relevant sind.

---

[27] Vgl. Becker-Carus/ Wendt (2017), S. 181-182
[28] Vgl. Schmithüsen (2015), S. 182

Da nun ein Gesamtüberblick über unsere Sinneswahrnehmung gegeben wurde, wird im folgenden Kapitel nun dargelegt, welche Bedeutung diese im Bereich Marketing mit sich bringt.

3. Die Bedeutung der Sinneswahrnehmung im Einsatz von Marketingmaßnahmen

Wie bereits in den vorherigen Kapiteln erwähnt, stehen uns für die Aufnahme von Reizen aus der Umwelt unsere Sinne zur Verfügung. Während unser Gehirn die Umgebung oftmals nur sehr grob wahrnimmt und viele Dinge nicht im Langzeitgedächtnis speichert, so versucht eine gute Marketingstrategie genau das zu verhindern. Darüber hinaus filtert das Gehirn, welche Informationen für uns interessant und wichtig sind, uns welche eher weniger relevant. Dies wird auch **selektive Wahrnehmung** genannt.

Um ein Beispiel zu nennen: Ein Teenager startet mit dem Führerschein und sieht auf einmal überall auf der Straße Fahrschulautos vorbeifahren. Fakt ist, dass diese auch schon vorher da waren. Aufgrund dessen, dass sich der Teenager aber nun intensiv damit beschäftigt, wird die Aufmerksamkeit genau auf diese Dinge gelenkt. Dies wird auch **Baader-Meinhof-Phänomen** genannt. [29]

Das Marketing ist folgend also darauf abgezielt, zuerst die Aufmerksamkeit der Kunden zu erlangen. Eng verbunden mit der Aufmerksamkeit ist auch die sogenannte Aktivierung. Eine Aktivierung ist eine durch externe oder interne Reize verursachte Erregung oder ein Zustand. [30] Einige Experimente haben ergeben, dass Konsumenten vor allem Reize wahrnehmen, welche ihren Wünschen und Bedürfnissen entsprechen. Werbung sollte daher immer folgende Faktoren beinhalten: sie soll informierend sein, unterhalten und emotional sein. [31]

In den vorliegenden Unterkapiteln wird nun auf den Einfluss der einzelnen Sinneswahrnehmungen im Marketing eingegangen.

---

[29] Vgl. Tembrink (2020), S. 9-10
[30] Vgl. Tembrink (2020), S. 11-12
[31] Vgl. Raab/Unger/Unger (2016), S. 197

3.1 Der Einfluss der Optik

Grundlegend lässt sich feststellen, dass die Optik von allen Sinneswahrnehmungen wahrscheinlich diejenige ist, die den größten Stellenwert im Marketing einnimmt. Schätzungsweise werden 83% aller Sinneseindrücke über die Augen aufgenommen. Informationen aus Bildern werden beispielsweise schneller aufgenommen, verarbeitet und gespeichert, als Sprachinformationen. Hierbei ist das Design eines Produkts das Ausschlaggebende.

3.2 Der Einfluss der Akustik

Der Einfluss der Akustik in der Markengestaltung entwickelte sich über viele Jahrhunderte hinweg. Seit zirka 50 Jahren wird die Akustik nun gezielt in der Werbung eingesetzt. Ziel des Marketings ist dabei häufig, eine markeneigene, akustische Identität zu schaffen, welche sich in das Bewusstsein der Menschen leicht einprägt. Hierbei wurden Begriffe wie Sound Branding, Audio Branding, Acoustic oder Sonic Branding geprägt. [32]

Eine Vielzahl bekannter Marken wie zum Beispiel *Audi* oder *McDonald's* setzt Sound Branding heutzutage erfolgreich ein.

Um ein Beispiel zu nennen: das sogenannte **Sound Logo** gilt in diesem Fall als beliebtestes Element. [33] Dabei handelt es sich um eine kurze, prägnante Tonfolge/ Geräuschen von zirka 3 Sekunden. Meist wird ein Sound Logo am Anfang oder Ende eines Werbespots eingesetzt und verfolgt die Intention, die Erinnerungsfähigkeit der Zuhörer zu erhöhen. Oft wird dieses auch mit dem visuellen Logo kombiniert. Wichtig für eine erfolgreiche Umsetzung ist hier die Einhaltung einiger Kriterien. Das Logo sollte: die Identität der Marke widerspiegeln, einen prägnanten Erinnerungswert haben, sich von anderen Sound Logos abheben und klangliche Variationen aufweisen. [34]

Nicht selten werden Produkte von Akustikdesignern manipuliert, sodass beim Konsumenten bestimmte Erwartungen erfüllt werden.

---

[32] Vgl. Steiner (2020), S. 80-85
[33] Vgl. Steiner (2020), S. 93
[34] Vgl. Steiner (2020), S. 100-101

So könnten Staubsauger mittlerweile fast geräuschlos funktionieren, dies würde aber zu wenig kraftvoll klingen. Somit lässt sich feststellen: Konsumenten schließen aus dem Klang eines Produkts auf die Eigenschaften und haben gewisse Erwartungsvorstellungen. Im Marketing ist man stets bemüht, diesen selbstverständlich auch gerecht zu werden. [35]

3.3 Der Einfluss der Haptik

Während man sich bis in die 80er Jahre hauptsächlich an visuellen Effekten orientiert hat, so wird heutzutage auch der Haptik immer mehr Bedeutung zugeschrieben- vor allem in folgenden Bereichen: Nahrungsmittel-, Kosmetik-, Automobil-, Verpackungs-, Textilindustrie und noch einigen mehr. Dinge werden besser abgespeichert, als auch erinnert, wenn sie eine einzigartige Haptik aufweisen. [36] Konsumenten erlangen durch das Berühren auch sogenannte "symbolische" Informationen. So weckt bei vielen das Berühren ein Gefühl von "Besitz" und kann ein Grund mehr sein, weshalb das Produkt schlussendlich gekauft wird.

Einerseits scheint es, dass der Tastsinn im Marketing nur eingeschränkt eingesetzt werden kann, da sich das Objekt in unmittelbarer Umgebung befinden muss. Andererseits ist es aber genau das, was ihm eine Einzigartigkeit verleiht. Auf Grund dessen wird der Tastsinn auch als "Wirklichkeitssinn" bezeichnet, da er nicht so gut manipuliert werden kann, wie beispielsweise der Sehsinn.

3.4 Der Einfluss der Olfaktorik

Nach dem Sehsinn ist der Geruchssinn wohl am zweitwichtigsten, wenn es darum geht, Kaufentscheidungen zu treffen. Dies lässt sich unter anderem dadurch schlussfolgern, dass die Geruchsnerven die einzigen Sinnesneuronen sind, die direkt mit dem limbischen System in Verbindung stehen. Das limbische System ist zuständig für die Regulation von Emotionen, Motivation, Lust und Unlust.

Geruchserlebnisse sind demnach besonders emotional und können zur Manipulation von Stimmungen eingesetzt werden.

---

[35] Vgl. Felser (2015), S. 33
[36] Vgl. Steiner (2020), S. 130-131

Sogar minimale Unterschiede in Gerüchen werden sehr schnell erkannt, jedoch erfolgt auch eine rasche Adaption, das bedeutet, dass sich der Konsument schnell an einen Geruch gewöhnt. [37] Bevor uns überhaupt bewusstwird, was wir riechen, werden Emotionen hervorgerufen, welche eine bestimmte Reaktion in uns auslösen. [38]

Die Wahrnehmung von Düften wird jedoch als sehr unterschiedlich empfunden. Beispielsweise sind Alter, Geschlecht, persönliche Erfahrungen oder auch kulturelle Unterschiede von großer Bedeutung.

Duftbranding in Bekleidungsgeschäften hat gezeigt, dass sich der Verkauf von Damenmode verdoppelt hat, wenn Gerüche wie Vanille beim Einkaufen wahrgenommen wurden. Bei Shampoos, Duschgels, Waschmittel oder Haushaltsreiniger ist ein Parfumzusatz mittlerweile fast unerlässlich.

3.5 Der Einfluss der Gustatorik

Der Einfluss der Gustatorik im Marketing reduziert sich hauptsächlich auf Getränke und Speisen. Diese Reize findet man meist im Zusammenspiel mit anderen Sinnesreizen. Fest steht, dass der Geschmack und auch der Geruch mit einer bestimmten Farbe assoziiert werden. Auch die Textur, Temperatur und der "Klang" sind ausschlaggebende Faktoren bei der Wahrnehmung des Geschmacks. [39]

Von sogenannten "Food Designern" werden heutzutage um die 2000 Aromastoffe verwendet, um Nahrungsmittel geschmacklich aufzuwerten, viele dieser Aromen sind künstlich. Ohne künstliche Aromen wäre das Geschmacksbedürfnis der Menschen höchstwahrscheinlich nicht zu stillen. [40]

In der "BRAND sense Studie" von Millward Brown und Lindstrom (2005) wurden Konsumenten nach zur Wichtigkeit der Sinne bei Kaufentscheidungen befragt, das Ergebnis ist in der Grafik unterhalb einzusehen. [41]

---

[37] Vgl. Felser (2015), S. 34-36
[38] Vgl. Gutjahr (2019), S. 162
[39] Vgl. Steiner (2020), S. 132-138
[40] Vgl. Gutjahr (2019), S. 168
[41] Vgl. Steiner (2020), S. 82

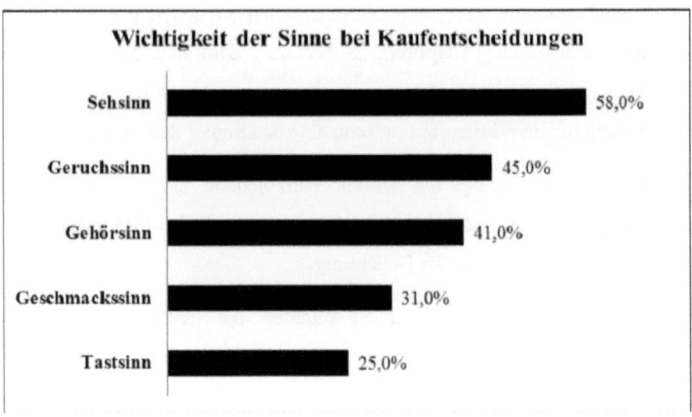

Abb. 2.: Wichtigkeit der Sinne bei Kaufentscheidungen (Quelle: Steiner (2020); S. 82)

Nachdem nun auf die Bedeutung der einzelnen Sinne im Marketing eingegangen wurde, wird im vierten Kapitel der Einsatz von multiplen Sinnen im Marketing behandelt und was erreicht werden kann, wenn die Sinne zusammenspielen.

4. Multisensorisches Marketing

Der Begriff Multisensualität, oder auch Multisensorik genannt, bedeutet, dass ein Produkterlebnis mehrere Sinne anspricht. Ein Input über einen Sinneskanal kann in manchen Fällen auch dazu führen, dass der Eindruck über einen anderen Sinneskanal verändert wird. Um ein Beispiel anzuführen: Kaffee scheint aus einer Kaffeetasse "besser" zu schmecken als aus einem Pappbecher. Die Tasse wirkt auf uns "edler" und das kann dazu führen, dass Geschmackserlebnisse unterschiedlich wahrgenommen werden. [42]

Auch im englischsprachigen Raum wurden einige wichtige Begriffe geprägt, welche heute im multisensorischen Marketing von großer Bedeutung sind:

---

[42] Vgl. Felser (2015), S. 40

Sensory Marketing = alle optischen, akustischen, olfaktorischen, haptischen und gustatorischen Reize (Stimuli) die bei der Gestaltung einer Marke eingesetzt werden

Intrinsic Sensory Branding (ISB) = beschreibt die inneren Eigenschaften einer Marke wie z.B. die Rezeptur, oder das Design

Extrinsic Sensory Branding (ESB) = bezeichnet die Gestaltung der äußeren Eigenschaften einer Marke, wie z.B. Verpackung, Gestaltung des Markennamens/ Markenzeichens

Grundlegend wurde festgestellt: je besser es im Marketing gelingt, die jeweilige Marke multisensual auszustatten, desto stärker ist die Wirkung auf den Konsumenten. Dies lässt sich darauf zurückführen, dass eine Übertragung eines Reizes über mehrere Sinne zu einer erhöhten neuronalen Aktivierung im Gehirn führt.[43]

Der Einsatz von multisensualem Markendesign ermöglicht (bei guter Umsetzung) eine einzigartige Wahrnehmung des Produkts auf den verschiedenen Sinnesebenen durch eine erhöhte Erlebnisqualität und Wahrnehmungsintensität. Die Wahrnehmung auf den Sinnesebenen erfolgt dabei unterschiedlich. Beispielsweise werden gustatorische und haptische Empfindungen aktiv erfasst, während olfaktorische, visuelle und akustische Reize eher passiv wahrgenommen werden. [44]

Multisensuale Erlebnisse zielen weiters darauf ab, die Emotionen beim potenziellen Käufer zu verstärken und so ein ganzheitliches Erlebnis zu ermöglichen. Diese Erlebnisse beeinflussen die Wahrnehmung, das Urteilsvermögen und das Handeln des Konsumenten. [45]

Obwohl sich das multisensorische Marketing in den letzten Jahren immer mehr etabliert hat und von einigen Marken bereits sehr erfolgreich angewandt wird, so scheint es, dass von den meisten Herstellern und Marken noch immer viel mehr Geld ausgegeben wird, um Produkte visuell von der Konkurrenz zu unterscheiden, anstatt auch andere sensorische Erlebnisse in Betracht zu ziehen. Dies hat zur Folge, dass großartige Chancen oft zunichte gemacht werden.

---

[43] Vgl. Baumgarth/ Schmidt (2018), S. 251-252
[44] Vgl. Steiner (2020), S. 54-55
[45] Vgl. Wiedmann et al. (2018)

In diesem Bereich ist daher in vielerlei Hinsicht noch Luft nach oben, um eine Marke erfolgreich auf dem Markt zu etablieren und diese von anderen somit sichtlich abzuheben. [46]

5. Beispiele von multisensorischen Marken-Konzepten

Wie bereits im vorigen Absatz erwähnt, gibt es durchaus Marken, welche multisensuale Markenführung bereits erfolgreich umsetzen. Im vorliegenden Kapitel werden daher einige Beispiele angeführt, um sich eine Vorstellung davon machen zu können, wie solch eine Gestaltung beispielsweise aussehen könnte.

5.1 Singapore Airlines

Singapore Airlines (SIA) hat schon recht früh mit multisensualer Markenführung begonnen. Die Fluglinie war auch Vorreiter in bestimmten Bereichen. 1968 wurde die bekannte Uniform "Sarong Kebaya" der Flugbegleiterinnen vorgestellt. Anfang der 1970er Jahre wurden erstmals kostenlos Kopfhörer zur Verfügung gestellt und 1991 war es zum ersten Mal möglich, an Board via Satelliten zu telefonieren.

Olfaktorik: SIA setzt ein einzigartiges Aroma ein, dass speziell für die Fluglinie entwickelt und als unverkennbarer Markendurft bekannt wurde.

Optik: Die Farbkombinationen ziehen sich einheitlich durch sämtliche Bereiche der Markengestaltung. So harmonieren etwa Make-Up und Uniform der Flugbegleiterinnen mit den Farbnuancen im Innenraum des Flugzeugs.

Akustik: Auch Sound Branding wird erfolgreich umgesetzt, indem vor Abflug, Landung und auch in Werbespots und Warteräumen asiatische Klänge gespielt werden.

Gustatorik: Die Küche an Board zeichnet sich durch exquisite Spitzenköche aus. Diese ist in allen vorhandenen Klassen Standard.

---

[46] Vgl. Spence/ Wang (2015)

Haptik: Vor dem Abflug erhalten die Gäste "Hot Towels" welche ebenfalls mit dem Markenduft besprüht sind. Darüber hinaus wird haptisch ansprechendes Geschirr verwendet.

5.2 Swarovski

Durch eine stetige Weiterentwicklung von Techniken wurde Swarovski zur führenden Marke von geschliffenem Kristall, sowie natürlichen und künstlichen Edelsteinen. Anlässlich des 100-jährigen Jubiläums wurden die Swarovski Kristallwelten in Wattens, Tirol eröffnet.

Unterirdische Kammern, sowie einzigartige Konstrukte sorgen für ein multisensuales Erlebnis. Das bekannteste ist der wasserspeiende Riese, welcher als Markenzeichen bekannt wurde. In den Räumlichkeiten werden Theater, Musik, Kunst, Wissenschaft, Mythos und einige weitere Aspekte miteingebunden. Für Besucher werden hier Assoziationen zur Märchenwelt geschaffen. Einzigartige Konstrukte, welche den Besucher glauben lassen, sich im inneren eines Kristalls zu befinden, ist nur eine weitere von vielen verschiedenen Attraktionen. Es wurde auch darauf geachtet, viele Altersklassen anzusprechen, denn auch für Kinder sind die Kristallwelten höchst faszinierend ausgelegt. Weiters finden Musikfestivals statt, wobei man bei musikalischem Ambiente gleichzeitig mit einem 3-Gänge-Menü versorgt wird. [47]

Wie nun vielleicht bereits ersichtlich wurde, ist bei vielen dieser multisensualen Erlebnisse die körperliche Anwesenheit des Konsumenten/ Besuchers Voraussetzung. Gerüche, Geschmack und Berührung scheinen auf die reale Umwelt beschränkt zu sein. Man fragt sich jetzt vielleicht, welchen Einfluss multisensuales Marketing dann online haben kann und wie jene Strategien aussehen könnten. Genau das behandelt das letzte Unterkapitel der vorliegenden Arbeit.

---

[47] Vgl. Steiner (2020), S. 175-179.

5.3 Multisensuales Online-Marketing

Obwohl Sinneserlebnisse im digitalen Bereich zunächst sehr eingeschränkt wirken, so fand man anhand einiger Studien heraus, dass sehr wohl Alternativen existieren, welche dem Konsumenten online ähnliche Erlebnisse ermöglichen.

Wenn Reize zuvor in der realen Welt wahrgenommen wurden, so werden beispielsweise Eigenschaften davon im Gedächtnis abgespeichert. Bilder eines Produkts im Internet können beim Menschen **unbewusste Wahrnehmungsnachstellungen** auslösen. Da ähnliche Gehirnareale angesprochen werden, kann auch die Wahrnehmungsempfindung beim Online-Shopping analog mit der in der realen Welt sein.

So ist es möglich, dass z.B. alleine ein Bild oder der Name eines Lebensmittels ausreicht, um olfaktorische und gustatorische Areale zu aktivieren. [48]

Wenngleich Produkte zwar online nicht wortwörtlich angefasst werden können, besteht dennoch eine gewisse Art der haptischen Interaktion- nämlich z.B. mit der Computermaus oder dem Touch-Pad eines Laptops/ Computers.

Um eine bessere visuelle Anschauung zu ermöglichen, können Funktionen wie zoomen und rotieren des Produkts eingesetzt werden.

Außerdem gibt es in manchen Onlineshops bereits die Möglichkeit, Produkte wie Kleidung oder Brillen virtuell "anzuprobieren", um sich eine Vorstellung davon machen zu können, wie das Produkt getragen aussieht.

Es gibt ebenfalls schon technologische Modelle, wie z.B. den "Season Traveller", welcher Wärme- oder Geruchsreize simuliert, um reale Umgebungen nachzuahmen.

So wie in der wirklichen Umgebung gilt auch digital: je mehr multisensorische Funktionen eingesetzt werden, desto höher ist die Wahrscheinlichkeit, dass ein Reiz vom Konsumenten erkannt und eine entsprechende Reaktion auf einen Reiz ausgelöst wird.

Obwohl einige der neuesten Technologien noch nicht vollständig ausgereift sind und vermarktet werden, so werden diese höchstwahrscheinlich in Zukunft immer mehr präsent werden. Man kann also gespannt sein, wie sich der Markt in dieser Hinsicht in den nächsten Jahren und Jahrzehnten entwickeln wird. [49]

---

[48] Vgl. Petit/ Velasco/ Spence (2019)
[49] Vgl. Petit/ Velasco/ Spence (2019)

6. Fazit und Ausblick

Abschließend lässt sich sagen, dass die Ziele dieser Arbeit, nämlich den Ablauf einer Sinneswahrnehmung verstehen zu lernen und die Wirkung des multisensualen Marketings in der heutigen Zeit aufzuzeigen, auf jeden Fall erfüllt wurden.

Abgesehen davon, dass aus den Recherchen in Kapitel zwei schon einige Sachen bekannt für mich waren, waren vor allem im 3., 4., und 5. Kapitel die meisten meiner, durch Literaturrecherche herausgefundenen, Erkenntnisse neu. Einige Dinge waren für mich persönlich überraschend, so wie beispielsweise die fortgeschrittene Technologie im digitalen Bereich des multisensorischen Marketings. Auch wenn es schon einige gute Alternativen gibt, um multisensuale Erlebnisse auch online zu ermöglichen, so sehe ich es dennoch kritisch, ob Onlineshopping jemals an das reale Einkaufserlebnis herankommen kann.

In der aktuellen Covid-19-Situation denke ich jedoch, dass viele Unternehmer sehr dankbar sind, die Möglichkeit nutzen zu können, auf Onlineshops umzusteigen oder auszuweichen, um so wenigstens einen Teil des Profits zu sichern.

Die Arbeit hat mir ins besonders gezeigt, wie multisensuale Verwendung im Marketing auf uns Menschen wirken kann. Man erinnere sich an das Szenario in dem Bekleidungsgeschäft zu Anfang. Erst jetzt realisiere und verstehe ich aktiv, welche Mittel zum Zweck alle bewusst eingesetzt wurden. Ich denke auch, dass ich möglicherweise zukünftig beim Einkauf in Geschäften nun mehr auf multisensuale Erlebnisse achten werde, dadurch dass mir diese jetzt so richtig bewusst sind.

Nichtsdestotrotz bleibt es spannend, welche Strategien und Mittel sich in den nächsten Jahrzehnten auf diesem Markt etablieren werden. Das Potential dafür wäre jedenfalls gegeben.

Literaturverzeichnis

Ansorge, U. & Leder, H. (2017), Wahrnehmung und Aufmerksamkeit, 2. Aufl., Osnabrück.

Baumgarth, C. & Schmidt, H. J. (2018), Forum Markenforschung 2016, 1. Aufl., Wiesbaden.

Becker-Carus, C. & Wendt, M. (2017), Allgemeine Psychologie, 2. Aufl., Berlin.

Felser, G. (2015), Werbe- und Konsumentenpsychologie, 4. Aufl., Wernigerode.

Gerrig, R. J. (2015), Psychologie, 20. Aufl., Hallbergmoos.

Jansen, L. (2015), Wahrnehmung, 1. Aufl., Studienbrief der SRH Fernhochschule, Riedlingen.

Knoke, M. (2016), Wissenschaftliches Arbeiten und Schreiben, 4 Aufl., Studienbrief der SRH Fernhochschule, Riedlingen.

Müsseler, J. & Rieger, M. Hrsg. (2017), Allgemeine Psychologie, 3. Aufl., Heidelberg.

Pauen, S. (2018), Vom Baby zum Kleinkind, 2. Aufl., Heidelberg.

Raab, G., Unger, A. & Unger, F. (2016), Marktpsychologie, 4. Aufl., Wiesbaden.

Schmithüsen, F. (2015), Lernskript Psychologie, 1.Aufl., Heidelberg.

Steiner, P. (2020), Sensory Branding, 3. Aufl., Wiesbaden.

Tembrink, C. (2020), Verkaufspsychologie im Online-Marketing, 1.Aufl., Köln.

Internetquellen

Petit, O., Velasco, C. & Spence, C. (2019), Digital Sensory Marketing: Integrating New Technologies into Multisensory Online Experience, https://biopen.bi.no/bi-xmlui/bitstream/handle/11250/2578625/INTMAR_273_final.pdf?sequence=4&isAllowed=y, zuletzt abgerufen am 30.12.2020

Spence, C. & Wang, Q. (2015), Sensory expectations elicited by the sounds of opening the packaging and pouring a beverage, https://link.springer.com/article/10.1186/s13411-015-0044-y, zuletzt abgerufen am 30.12.2020

Wiedmann, C., Labenz, F., Haase, J. & Hennigs, N. (2017), The power of experiential marketing: exploring the causal relationships among multisensory marketing, brand experience, customer perceived value and brand strength, https://link.springer.com/article/10.1057%2Fs41262-017-0061-5, zuletzt abgerufen am 30.12.2020